ボーイズ&ガールズルール

お金を守る男
浮気を許さない女

ビジネス教育出版社

はじめに

交際関係にある二人は、やがて結婚して法的にも結ばれるかもしれません。法的な婚姻関係になると、これまでの単なる交際関係とは異なり、お互いに様々な法的義務や権利が発生します。

夫婦に関する法律は本文中で詳しく解説しますが、民法は「夫婦は同居し、互いに協力し扶助しなければならない」と規定しています。これは婚姻が「夫婦の精神的・肉体的・経済的な結びつき」であることを示しています。

結婚して、同居して、共に協力し助け合って生活していくことは、楽しみ喜びに溢れたものではありますが、その反面、関係性が密になることによって今まで知らなかった相手の一面が見えてきます。

「家事を全然やってくれない」「こんなズボラだと思わなかった」

最初はそんな些細なすれ違いに過ぎなくても、いつしか婚姻関係に大きなダメージを与えることもあります。些細なすれ違いから盛大な結婚式を挙げたにも関わらず離婚……となってしまう夫婦も少なくないのです。いまや、日本では3組に1組は離婚しているとの統計もあります。

結婚をしてみたら、結婚前に聞いていたものと、話が違う、約束が違う、思い描いていたものと違う、……そして離婚という言葉を思い浮かべるようになります。私が弁護士として離婚についての相談を受ける中でも、明確な離婚の理由がないにも関わらず、離婚を望む方は少なくありません。何となく……一緒にいることに疲れた、一緒にいるとストレスがたまる等々小さなすれ違いからの溝が深まり、相手と共に生活することが苦痛となり離婚を考えるようになってしまうのです。

そこで、このようなすれ違い・思い違いをなくすには、結婚をする前に当事者でしっかりと話し合い、お互いを十分に理解し、ルール作りをしておくことが重要です。しっかりとしたルール作りをしておくことで、すれ違いや意見の食い違い高じては喧嘩などといった難儀な状況を少なくすることもできます。また、仮に喧嘩状態となってしまった場合でも、あらかじめ話し合いの進め方や解決の方法などのルールを決めておくことで、早期に早く仲直りできます。

最近では結婚生活についてのあれこれを「婚前契約書」として結婚前に明確に定めておくカップルが少なくありません。婚前契約書とは、別名「プレナップ」とも呼ばれ、夫婦共有財産の範囲を厳密に決める傾向のあるヨーロッパなどの一部の文化圏では、広く行われています。

実際に結婚し、共同生活を始めてみると、結婚前には見えなかった相手の嫌なところばかり見えてきた、ということがありがちです。具体的には家事の分担や、子供の教育方法、親との同居、介護、夫婦の財産の管理等、配偶者の浮気など、問題は多岐に渡ります。これらの諸問題については、もちろん現実の生活の中で生じたときにその都度話し合う必要があります。しかし、問題が起きてから初めて話し合うのではなく、結婚前に法的拘束力のある覚書を取り交わすことで、より結婚生活に対して真摯に取り組む覚悟ができます。

そして、契約内容を吟味することは、客観的に自分と相手を見つめ直す機会にもなります。

本書は、一読すればこれから結婚されるお二人の「どのようなルールを作ればいいの?」「どこまで決めればいいの?」という疑問を解決できるように作られています。

あなた方が末永く幸せな婚姻生活を送るために、本書がお役に立てれば幸いです。

弁護士　小林　芽未

目次

第1章　結婚をしたら起こること

第2章　特に重要！「家事」「お金」「再婚」について考える

登場人物紹介

【荒川　潤】

30歳。上場会社のＩＴシステム営業。年収は営業実績に応じて大きく変動するが、ここ最近の平均は５５０万円。預貯金は70万円。

一見浪費しているようにみえるが、実は彼女に内緒で株式投資（６００万円）をしている。

旅行サークルやフットサル愛好会などにも積極的に参加している。休みの日は彼女とのデートだけでなく、サークル活動もしたい。

【松下　萌】

29歳。オフィスビルの受付。年収は３００万円。9時〜17時までの仕事で残業はほとんどない代わりに給料も上がらない。趣味はショッピング。普段の買い物では節約するが、洋服や化粧品への投資は惜しまない。

【内田　翔太】

荒川潤の大学時代の友人。卒業後も頻繁に遊ぶ仲間。幹事ができるリーダータイプだが、何度も誘いを断られると、次は誘えなくなってしまう一面も。

【砂塚　紗代】

松下萌の高校からの友人。付き合いも長く、恋愛の相談、お金の相談など他人にはできない話もできる間柄。

【大塚　秀章】

中規模イベント会社の社長。息子の明くん関係では、不要な混乱を避けるため小山田秀章と名乗ることもある。

【小山田　芳子】

美人書道家として人気。インターネットでは「小山田芳子　結婚」「小山田芳子彼氏」などと検索されることも多い。

【明】

大塚秀章と小山田芳子の実子。「小山田」という漢字3文字の苗字が気に入っている。

第1章

結婚を意識したら？

結婚を意識したら？

ピチチチ…
君が荒川くんか。萌からいつも聞いてるよ。
彼女の父　隆雄
こんな田舎までわざわざありがとう。遠かったでしょう
こんにちは！萌さんのお父さん。
彼氏 荒川
釣りが趣味なんですよね。萌さんから聞いています。
実は私も釣りが好きで、このあたりはプライベートで何回も来ているんです
そうか！そうか！話が合いそうでよかった。

今どきのチャラチャラした若者(ヤンキー)が来たらどうしようと思ってたんだ
チーッス!
ふふふっ
ようこそいらっしゃい荒川君。お父さんがもらってきた日本酒があるんだけど、お酒飲める?
彼女の母　幸恵
日本酒ですか!大好きです。いただいてもいいですか?
え?まだ夕方の4時だよ。
彼女　萌
ガラガラ
もう飲み始めるの?笑
荒川くんの話は面白いね〜〜。

こんな人が萌の旦那になるなら、お父さんは大賛成だよー！
ギクッ
萌との結婚は考えてるの？
いやー結婚はまだ考えられないですねー
ははは
とは言えないな。
そうですね。
結婚前提にお付き合いさせていただいています。
そうか！そうか！それは楽しみだ！ねーお母さん
そうね〜
どうしよ〜。結婚するって言っちゃって
これから どうなっちゃうんだろ〜

漫画の解説

荒川潤君と松下萌さんのように、十分な話し合いをせずに勢いで結婚生活を決めると思わぬすれ違いが起きてしまうかもしれません。結婚生活とは、自身の生活の基盤ともなるものです。結婚生活を充実させることで、仕事の場面でもより実力を発揮できます。家族の顔を思い浮かべると、自然と仕事へのやる気も出てくることでしょう。

その反面、結婚生活が上手くいっていないと、自身の癒し・休養となる場所さえも失うこととなりかねません。そのストレスも非常に大きいものです。

そこで**あらかじめお互いに納得のいくルールを定めておくことで、充実した結婚生活を送ろうというのが婚前契約の考え方です。**

弁護士として数々の離婚事件を経験してきた私としては、皆さんに結婚前にしっかりと話し合って二人だけのルールを決めて幸せな結婚生活を送ってほしいと考えています。

そうは言っても実際何を話し合えばいいのかわからないですよね。詳しくは13ページ以降で解説します。

本章ではまず、結婚に関する民法の規定を確認していきましょう。

結婚に伴う法律

結婚に関しては、民法という法律に規定されています。ただし、その規定はとても曖昧です。そのためお互いにしっかりと話し合ってルールを決めなければ、後々トラブルになってしまうのです。

ここでは曖昧とはいえ、民法にはどのようなことが書いてあるかを勉強しましょう！

夫婦の契約はいつでも取り消せる

そもそも、なぜ結婚する前に二人の間で契約書を作る必要があるのでしょうか。

それは、民法の中に、このような条文があるからです。

第754条
夫婦間でした契約は、婚姻中、いつでも、夫婦の一方からこれを取り消すことができる。ただし、第三者の権利を害することはできない。

民法には、「夫婦の間の約束事は、いつでも取り消しできる」と書いてあります。たとえば、結婚後に、夫婦間で「結婚10周年記念には、夫が妻にダイヤのネックレスをプレゼントする」と約束しても、夫の気が変わればこの約束を反故にできます。もし浮気したら1,000万円支払う、離婚したら2,000万円支払う、と約束した場合であっても、同様に取り消せます。第三者の権利を害さない限り、自由に約束をなかった事にできてしまうのです。これは、夫婦間の問題は、できるだけ夫婦間で解決することが望ましいと考えられているからです。**したがって、婚姻後に詳しい取り決めをしても、契約書の内容や同意書の内容を、夫婦間においては、いつでも一方的に取り消すことができるのです。**

これに対して、結婚前の契約であれば、「夫婦間」の契約にはあたらないため、この条文は適用されません。**結婚前に二人で交わした約束は、取り消せないのです。**

そのために、結婚する前に「婚前契約書」を作る意義は大きいのです。

民法に書いてある3つのポイント！

① みだりに他の異性と性交渉してはいけません（夫婦の貞操義務）

民法は、夫婦が互いに性的純潔を保つ義務があると定めています。明文の規定はありませんが、不貞行為が離婚原因とされていること（民法770条1項1号）からも、不貞行為をしないことは法律上の義務と考えられています。

したがって、**浮気をした場合、みだりに他の異性と性交渉した者は、夫婦のもう一方に対して不法行為による損害賠償責任が生ずる場合があります。**

② 夫婦は助け合わなければいけません（夫婦の同居、協力、扶助の義務）

夫婦は、同居し、互いに協力し扶助しなければならない義務があります（民法752条）。具体的に助け合うと言われてもわかりにくいですよね。民法では一つの基準として、「生活保持義務」という考え方を提示しています。生活保持義務とは、**自分の生活を保持するのと同程度の生活を保持させ**

る義務と考えられています。

民法752条では、「同居し」とありますが、同居は、強制ではありません。家出したくなることもありますし、仕事の関係上の単身赴任や病気のための療養として離れて暮らすことが必要になるケースもあります。ただ、数年に及ぶ別居は離婚原因の一つ伴ってくるので、離れて暮らしている場合には、それが実質的な別居生活といえるかどうかの判断が必要です。

また、**配偶者の一方が望んでいるにもかかわらず、他の一方が夫婦の同居、協力、扶助の義務を果たさない場合には、「悪意の遺棄」として離婚事由にもなりかねません**（民法770条1項2号）。悪意の遺棄とは字面だけ見ると怖いイメージを持ちますが、民法上の離婚事由として定められている言葉です。これは、夫婦関係が壊れても構わないとの思いのもと、正当な理由もなく同居・協力・扶助の義務を果たさないことをいいます。悪意の遺棄を理由として離婚となった場合には、損害賠償請求できます。

③ 夫婦の生活レベルは同じくらいにしましょう（婚姻費用分担義務）

生活保持義務の具体的義務の一つとして、婚姻費用分担義務（民法760条）があります。

つまり生活費の支払い義務があるのです。夫婦に子がいる場合は、その子の養育費も婚姻費用に含まれます。収入が高い方から収入が低い方へお金を流し、同じくらいの経済的レベルの生活が送るようにするために、婚姻費用を分担することになるのです。なお、この婚姻費用は、収入が低い方の配偶者が家を出てしまって共に生活をしない状態となっても、婚姻関係が継続している間は支払う必要があります。

公序良俗に反する約束は無効となる!?

ところで、婚前契約書は双方が合意に至ればなんでも成立するのでしょうか？

確かに、民法の大原則のひとつに「私的自治の原則（契約自由の原則）」があります。私法上の法律関係については個人が自由意思に基づき自律的に形成することができるという原則です。つまり、

彼氏と彼女のお約束（個人間の私法上の契約内容など）は、原則として当事者間で自由に決めていいということなのです。そのため、婚前契約書は夫婦になろうとする二人が約束事を決めることなので、その二人が良いと考えればどんな内容でも契約の内容になるとも思えます。

しかし、**「公序良俗」に反する内容は婚前契約書で定めたところで無効です。**「公序良俗」は聞きなれない言葉ですが、法律用語でいうところの「社会的な常識」という意味です。

民法には90条にはこの「公序良俗」という規定があります。

第90条
公の秩序または善良の風俗に反する事項を目的とする法律行為は、無効とする。

私的自治の原則により、個人の自由な意思により契約を結ぶことが尊重されている一方で、**その契約の内容が公序良俗に反する事項を目的とする場合には、その契約は無効です。**

なぜならば、契約内容を自由に定められるということを無制限に認めてしまうと、財産的秩序や倫理的秩序などが乱れてしまいます。そのため、契約の内容を取り決めるにしても制限がかけられているのです。
たとえば、極端な例で、「約束を破ったときは殺しても良い」との合意を結んだとしても、これは反社会的・反道徳的な内容なので無効です。

ただ、公序良俗とはその時代を反映するものなので、社会情勢によって公序良俗に反するか否かは変わってきます。そのため、無効となるかの判断は非常にわかりにくいものです。当事者同士では問題ないと思っていても、裁判所の判断では無効となってしまうこともあります。

愛人を作ってOKは、無効になる

これまでの裁判例により、愛人関係に関する契約も道徳に反するとして無効とされています。

婚前契約書に「夫は愛人を作って良い」と入れても、愛人とは夫が妻以外と肉体関係を持つことであり、いわゆる不貞行為となります。そして不貞行為は民法上離婚事由にもなっているため、また、不貞行為が許されない国民感情からも夫が愛人を作っても良いということは公序良俗に反すると考えられます。

そのため、このような公序良俗違反の契約をしても無効となるのです。たとえ二人が合意したものであればなんでも契約内容になるというわけではありません。

ただ、中には、結婚した後もお互いに自由に性行為を楽しみたいとの価値観を持ったカップルもいます。そのような場合は、互いの価値観・考えを記載して確認したという覚書などを残しておくという方法も考えられます。また、不貞行為をした場合にも配偶者や不貞相手に損害賠償請求をしないとあらかじめ損害賠償請求権を放棄しておくという取り決めをすることも考えられます。

もちろん「無効」となってしまうこともあり得ますが、お互いの意思の確認・解釈をするうえ意味を持つものとなっています。

（具体例は、第3章「こだわりのルール」で解説しておりますのでそちらをご参照ください）

すれ違うその前に

潤君のプロポーズ嬉しかったな。
結婚式を盛大にやれたし、すごく良かった。
…だけど、なんか違う。
ガーッ
ガーッ
潤君、昨日残業で帰りが遅かったんだ。
夕飯の食器は出しっぱなしだし、
服は脱ぎっぱなしだし…部屋を散らかしすぎ
おはよう。コーヒー淹れてもらえる?

おはよう。今日は日曜日だけど、一緒に過ごせるのかな
ごめん、俺、友達と約束があるんだ。
えっ、先週の日曜にも出かけていたのに？それに、部屋の中も潤君のもので散らかりすぎだよ。
掃除とか洗濯も溜まってるし…
ごめんごめん、掃除と洗濯は任せた
えっー、家事は分担する約束なのにいつも私ばっかり。
友達の旦那さんは掃除とゴミ捨て、買い物までやってくれるって言うのに！！

内心、仕事をやめて専業主婦したいのに、仕事も続けている。
それも不満!
家賃も生活費も多めに払っているし、残業も多い。
萌は、帰りも早いから自由な時間も多いし、
お金も入れてないんだから。
家事は多めにやるべき。
結婚後は遊びたい気持ちをおさえて、
出張があっても平日は必ず家に戻るようにしている。
ストレス
それが最近すこしストレスになってきた

話し合うべき15のコト

結婚すると、先に述べたような法律上の権利・義務が生じます。

ただ、夫婦が毎日365日共に結婚生活を送る中では、日常生活中の些細な事から、妊娠出産、親の介護の事、法律では決められていないけれど、発生し得る問題はたくさんあります。なにか問題が起きた時に、夫婦間でのすれ違いが生じてしまうことを防ぐために、私がオススメする話し合うべき項目は、次に挙げる15項目です。特に重要な家事とお金の問題は、第2章で事例に沿って解説します。

Ⅰ　2人の問題

①理想の夫婦像　②将来のこと　③喧嘩したときの対処
④休日の過ごし方　⑤趣味　⑥友人関係
⑦記念日・イベント　⑧話し合いの時間　⑨健康のこと
⑩老後のこと

Ⅱ　家族・親族

⑪家事の分担→詳しくはP29～　⑫親・親戚づきあい
⑬介護　⑭子育ての方針

Ⅲ　お金の問題→詳しくはP54～

ここに挙げたすべての項目についてルール作りをする必要はありません。それぞれのカップルによって、ルール作りをしなくてはならない項目は異なります。2人が最初から同じ考えを持っており、意見の対立やあらかじめ理解を求める必要がない項目は、ルールがなくとも問題に発展する可能性はあまりないと思います。

お二人の間で、問題となる可能性がある項目についてルール作りをしていきましょう。

私が相談を受けたカップルが作成した婚前契約書の項目の内容や、条項の一部を紹介します。

Ⅰ　2人の問題

①　理想の夫婦像

まず、婚前契約書の冒頭には、二人がどのような夫婦でありたいか、理想の夫婦像を掲げます。会社でいうと、経営理念にあたる部分です。長い結婚生活の中では、楽しいことばかりではなく、辛いことと苦しい出来事も起こります。

そんな時に、この理想の夫婦像を思い出し、二人の愛を確認し合うことが困難を乗り切る助けになるでしょう。**お互いへの感謝の気持ち、尊重、愛情を掲げておくと良い**です。

・夫と妻は、いかなる時でも互いを尊重し、感謝の気持ちを忘れず、お互いを生涯愛し続けることを約束する。

② 将来のこと

二人の目標について話し合う機会を設けましょう。「目標」として掲げているものなので、法的な拘束力はありません。しかし、夫婦が同じ目標に向かって歩んでいるということを確認できます。将来の目標であるため、その内容は、様々です。なかには「独立開業したい」「ヤングリタイアして趣味に生きたい」など結婚生活に大きな影響を与える目標を持っている人もいます。

・夫の定年後は田舎で暮らす。
・子供が成人したら夫婦でお店を開く。
・結婚30周年には家族史を作成する。
・45歳を目途に独立開業する。
・50歳までにヤングリタイアする。

こういった目標を二人で話し合うことで、結婚前には知りえなかった夢や目標を共有できることもあります。一生一緒に暮らすかもしれない相手ですので、十分話し合ってお互いを理解しようと努めることが肝要です。

③ 喧嘩したときの対処法

一度喧嘩が始まると、延々と何時間も、時には日付をまたいで言い合いになるというカップルもいます。これでは、次の日の仕事などに大きな悪影響を与えてしまいます。それに、喧嘩状態のイライラ気分で話し合いをしても、解決には近づきません。そこで、**喧嘩状態の対処法を決めておくと良いです。**

喧嘩したときの対処法として、私が良いと思ったルールを紹介します。

・2時間話しても解決しない時は、話し合いを中断する。
・建設的な話し合いができない状態となったときは、手紙で意見交換をする。

カップルによっては、喧嘩状態となったとき、仕事中にも関わらず相手からの電話・メールでの連絡がとまらないとか、電話・メールをしても意図的に無視する、といった問題をお聞きすることもあります。

そのような場合には、

・連続して3回以上電話・メールはしない。
・12時間以上、相手の電話・メールを無視しない。

といったルールを作ってみても良いでしょう。

④ 休日の過ごし方

休日の過ごし方・趣味・友人関係については、人それぞれ違う考えを持っています。価値観や人生観は、その人の人生の中で培った習慣によって形成されます。夫婦となっても簡単にはわかり合えないかもしれません。

自分のための時間は、仕事などの疲れやストレスを解消するための手段として機能します。そのため、生活様式の中のこだわりや、重視しているところは人それぞれ異なってきます。結婚をすると、家族のための時間も多くなり、休日の過ごし方・趣味・友人関係がある程度の制約を受けることは避けられません。

結婚により「自由が奪われた」と結婚はマイナスにならないように、自分のための時間をどうしていきたいかは結婚前に話し合うべきでしょう。

生活をしていく中で欠かせない大切な事なので、第2章のライフスタイルの中で詳細をお伝えします。

⑤ 趣味

人によっては趣味にかける時間・お金が相当なものになることもあります。

相手と趣味が同じであれば問題はないのですが、自分の趣味を相手に理解してもらえない場合も少なくありません。

2次元のアニメキャラクターが好きな男性が、妻となる相手から「2次元アニメを趣味とすることを辞めないなら結婚はしない」と迫られて、これまで集めた2次元グッズをすべて処分したという事例もあります。

また、多額の金銭が必要となる趣味もあります。大きな支出は家計へも影響を与えるため、趣味に費やす金銭については相手の承諾を得ておくことも必要です。

趣味によっては、お相手からも色々と意見を言われてしまうこともあります。結婚を機にご自身の趣味を諦めるといった思い切った方もいますが、その一方で逆に趣味にまで口を出されてしまっては適わないとして結婚自体を諦めてしまう人もいます。

そうならないよう結婚と趣味は上手に両立していきたいところです。そこで、**結婚後も自身の趣味を続けるために、趣味に内容、費やす時間・金額などについてあらかじめルール作りをして、相手の理解をしっかりと得ておくべきといえます。**

- ・年に3回はアニメのイベントに行く。
- ・趣味にお金を費やすときは、事前に相手の承諾を得る。
- ・アニメに費やす金額は、月額15，000円までとする。
- ・アイドルグループのライブに当選した場合は、その他の予定に優先して当該ライブに参加できる。

⑥　友人関係

「結婚した途端に、急に友達付き合いが悪くなった」なんて言われることがないよう、友人関係についてもお互いの考えを確認しておくと良いでしょう。

また、**異性の友人付き合いは、大きな問題に発展しかねないので、どこまでは許される範囲なのかルールを作っておくと良いです。**

・異性の友人と食事に行く際は、事前に承諾を得る。
・友人に、妻・夫として紹介する。

どちらかが、男女のグループで旅行するようなコミュニティに所属しているケースもあります。ある事例では男性がフルート奏者としてオーケストラ楽団に所属していましたが、その楽団は8割以上が女性で構成されていました。ときには、遠征地で女性と同じ部屋に泊まるケースもあるそうです。そういったケースでは、

・外泊する場合は同性と同じ部屋に泊まるよう努める。
・外泊した場合は、テレビ電話で連絡する。
・異性と同じ部屋に泊まる際は、事前に報告する。

とルールを作っておくと共に、異性と同じ部屋に泊まる可能性があることを事前に配偶者に伝えておくことが肝要です。ひた隠しにしていると浮気と勘違いされるかもしれません。

最近では、テレビ電話が簡単に利用できるので、いらぬ疑いをかけられないよう、どんな友達と一緒にいるのかをリアルタイムに動画で伝えると約束するカップルもいます。

⑦ 記念日・イベント

夫婦・家族揃ってお祝いしたい日を確認できるようにしても良いでしょう。

結婚生活が長くなってくると、夫婦のイベントがだんだん蔑《ないがし》ろにされてしまうこともあります。お子さんが生まれるといつの間にかお子さん中心の生活となってしまい、夫婦の誕生日や結婚記念日のお祝いが疎かになってしまうのではないでしょうか。

夫婦がいつまでもお互いに愛情を持ち続け、夫婦にとって大切な日を二人でお祝いする気持ちを忘れないためにも、お祝いの日を取り決めることには大きな意味があります。 また、記念日にどんなことをしたいかも決めても良いかもしれません。

・下記日程は、共に過ごし祝う。
・夫の誕生日（〇月〇日）

・妻の誕生日（〇月〇日）
・妻の誕生日には、夫は妻のためにケーキを手作りする。

⑧ 話し合いの時間

共働きで休みの時間も重ならない夫婦だと、いつの間にか会話する時間がなくなってしまいがちです。あらかじめ、**夫婦で会話を楽しむ時間を作るという意識を持つと良いでしょう。**

ある女性が、「夫が話を聞いてくれない」ということを離婚事由として挙げていたことがあります。これに対して、夫は「話は聞いてた」と反論していました。確かに、単純に話を「聞いて」いたようですが、満足いく話し合いをするためには、単純に「聞く」に留まらず、しっかりと耳を傾けて相手の本当に言いたいことを「聴く」必要があります。そのためには、意識して会話の時間を設ける必要があります。

相手の気持ちが十分に理解できていないと、すれ違いが生じ、相手への不満が募り、大きなトラブルへと発展することにもなりかねません。このようなトラブルを防止するためにも、**会話の時間は大切にしてください。**

・夫婦の話し合いは、週に1回（1回1時間以上）以上設けるよう努める。
・朝食は一緒に食べるよう努める。
・（単身赴任の場合）毎日電話する。

⑨ 健康のこと

持病など健康に問題がある場合には、正直に相手に話しましょう。

たとえば腎臓病や甲状腺の病気を抱えている場合は、出産に大きなリスクが伴います。出産を諦めなければならない可能性等も事前に検討しておくべき大切な事柄です。

持病でなくとも、何らかの事情で相手が要介護状態となってしまうということもあり得ます。病気との向き合い方についてあらかじめ確認しておくことは大切です。病気の早期発見のために定期的に検診を受けて結果を伝え合うとのルールを作った方もいました。

また、最近では不妊治療についてもあらかじめお互いの意見を確認してルール作りをする方も多くなってきています。不妊治療をするのかしないのか、不妊治療をするとしていつから開始するのか、などを取り決めます。

・（持病がある）相手の定期通院には、同行する。
・年に1回は健康診断を受け、その結果を相手に報告する。
・不妊治療はしない。

⑩ 老後のこと

まだ先のことかもしれませんが、老後はどのような生活を送りたいかを話し合っておくと、結婚生活の良い目標となります。「普通の生活が送れば十分」と考えている人が多いようですが、「普通の生活」とはどんな生活かを二人で話し合ってみると、齟齬《そご》が生じるケースがあります。**熟年のカップルでは老後の問題はより現実的で話し合いは必須といえるでしょう。**

近年では、人生100年時代となり老後生活が予想よりも長引き、預貯金を使い果たして生活に困窮する「長生きのリスク」が指摘されています。毎月の生活費や交際費などにはどれぐらい必要でしょうか。今のうちにどれだけの貯金が必要かなども検討した上で、老後を楽しく暮らすための方法論を考えておくことが重要です。

・夫が60歳になったら、田舎で暮らす。
・定年退職後は、二人で川柳教室に通う。

Ⅱ　家族・親族

⑪　家事の分担

奥様だけに家事の負担がかからないよう、**家事の分担について話し合うことは大切です**。その際は、お互いの得意・不得意を考慮に入れましょう。

家事を夫婦二人の協力作業として、楽しめる時間ができるようなルール作りを目指します。

「家事」に関しては、関心が高いため、詳細は次の章でご説明します。

⑫　親・親戚付き合い

相手の両親・親族との付き合いは避けて通れません。家ごとの慣習や考え方、また国が変われば文化の違いも出てきます。あなたが自分の家族・親族を大切に思っているように、相手にとっても自分の家族・親族はとても大切なものであることを忘れずに、お互いに歩み寄ってルールを決めましょう。

親・親戚付き合いで、一番問題になるのはお互いの両親との同居です。嫁姑問題は昔から絶えず離婚や別居の原因となってきましたが、同時に子供を一時的に預かってもらうなど手助けしてもらうこともあるでしょう。

最近人気のルールは、次の通りです。

・互いの両親との同居はしない。
・二世帯住宅は、お互いの両親との同居とみなす。

⑬ 介護

まだまだ先と思っていても、親の介護はいつ必要になるかはわかりません。自宅で介護をするとなった場合、相応の時間を要します。介護施設を利用場合は、それなりの費用が必要となります。親が要介護状態となったとき、どの様な対応をするかは考えておくべきです。

親に介護が必要となったとき、老人ホームなどの介護施設を利用するのか、それとも自宅で介護を行うかなど、二人の考えをあらかじめ話し合っておきましょう。

要介護状態に至らなくても、両親の一方が他界し残された親が独りになったときに同居はするのか、生活援助はどうするのか等問題は多岐に渡ります。

・親が要介護状態となった場合には有料老人ホームを利用する。
・親の介護には金銭的援助のみを行う。

⑭ 子供のこと

結婚したのちに、「相手が子供を作る気はなかった」ということを知ってこのまま結婚生活を続けていくのは難しいと考えた、とのご相談を受けたことがあります。

子供に関しては、そもそも子供はほしいのか、子供がほしいとしても何人くらいほしいのか、生む時期はいつ頃か、また、お子さんが生まれた後には、どちらがどれくらい育児をするのか、どんな子に育ってほしいのか、話し合っておくべきことがたくさんあります。現時点の二人の希望事項を書き込んでも良いでしょう。

そして、子供に関して最も大きな問題は、教育方針です。子の成長段階に応じて、様々な問題が出てきます。

・子育ては田舎でするか、都会でするか。
・習い事はどうするか。
・インターネットは利用させるのか。
・公立に通わせるのか、私立に通わせるのか。
・子供部屋はいつ与えるのか。

等々、挙げたらきりがありません。

また最近では、前妻・前夫との間のお子さんを連れて再婚する方も増えてきております。**トラブルを防ぐためにも、お子さんと前妻・前夫の関わり方（面会交流）や養育費がどうなっているのかも確認しておくことは重要です。**

加えて、万一の離婚に備えて、二人の関係が良好なうちに一度しっかりと話し合いをしておくことも非常に有益です。まさに離婚という争いのある状態では建設的な話し合いにはなりません。

親権者をどちらにするといった身分に関することについては契約で拘束力を持たせることはできま

せんが、**どちらを親権者として考えているのか**ということや、**離婚となっても同居していない親との面会交流を実現させなくてはならない**ということを確認しておくと良いでしょう。

・離婚時の夫、妻それぞれの事情、福祉等の観点等から、妻を親権者とすることに格別の不都があるときを除き、子の親権者を妻と定め、子が成人に達するまで、妻が監護、養育するものとする。
・夫との面会交流は、別途協議の上、毎月2回程度実施する。

このように合意できたら、不要な争いを避けられます。

Ⅲ　お金の問題

一番不満が出やすいのがお金の問題です。そのためお金の問題はテーマに分けて次の章で詳しくご説明します。

婚前契約書作成上の注意事項

重ねての注意喚起となりますが、**二人で決めたルールであれば何でもOKではありません。**先にご説明した公序良俗のほかにも、**婚前契約書に盛り込めない内容・盛り込んでもおよそ意味をなさない内容もあります。**

婚前契約は「婚姻関係の継続」が大前提であり、結婚生活を上手くやっていくための2人の約束事です。あくまでも、2人の幸せのために婚前契約を締結するのだということを忘れずに、両者がしっかりと契約内容に合意することが重要です。そして、契約の締結の際には、強行法規、公序良俗に反しない内容、世間一般の常識やルール、社会通念に反しない内容を心がけましょう。前述の内容以外には、次のような内容についても注意が必要です。

(1) 身分に関すること

婚前契約書に、「子供の親権者は妻とする」と事前に断言していても、離婚の理由がもし妻の育児放棄や虐待にあった場合や、妻が病身で働けず、経済的な見通しが立たない場合などに妻に子を託すことは子の福祉に反すると判断されます。

そのため、必ずしも婚前契約書の親権者が子供の親権を得られるわけではなく、離婚時にどちらが親権者に相応しいかで判断されるため、契約書を作って合意したからといって、その合意が直ちに法的に有効となるとも限りません。

（2）相続に関すること

仮に夫の親が亡くなっても、夫の妻には相続権はありません。したがって、「夫の親が亡くなった時、夫と妻で2分の1ずつ相続する」という内容を決めても、法的拘束力はありません。夫が亡くなった時、妻がすべてを相続するとの合意も同様です。通常他の相続人がいるので、二人だけの合意でその他の相続人の権利を害することはできません。

なお、**相続については婚前契約書ではなく、遺言書で決めておくべきです。**婚前契約書を作る際に、弁護士や行政書士に相談するなら、一緒に遺言書について教えてもらってもいいでしょう。

（3）第三者の権利に関する内容

「夫が不貞行為をした場合、その慰謝料は夫の親が支払う」などのように、**夫婦以外の第三者の権**

利・義務について、夫婦のみで勝手に取り決めることはできません。このような条項を作ったとしても、法的拘束力はありません。

第2章

特に重要！「家事」「お金」「再婚」について考える

家事の分担

ほかにゴミある？
うん、このゴミもお願い。ありがとう。
いってらっしゃーい
ちゃんと家事の分担を話し合って、
潤はゴミ捨てを担当してくれるようになった
良かった
ー数《すう》日《じつ》前《まえ》ー
私ばっかり家事しなくちゃならないなんて、もう掃除も洗濯も料理もしたくなーい
わかった、出来る範囲で手伝うよ

ただ、朝の出社時間も帰りの退社時間も萌の方が早いし…
仕事が忙しくてなかなか。
潤はお仕事がんばってくれてるんだ
そうだよね、
じゃあ掃除と洗濯は、私が仕事に行く前にやるね。
じゃあ、ゴミ捨ては会社に行くときにやるよ
料理は…
ボソッ
たまには潤の手料理も食べたいな

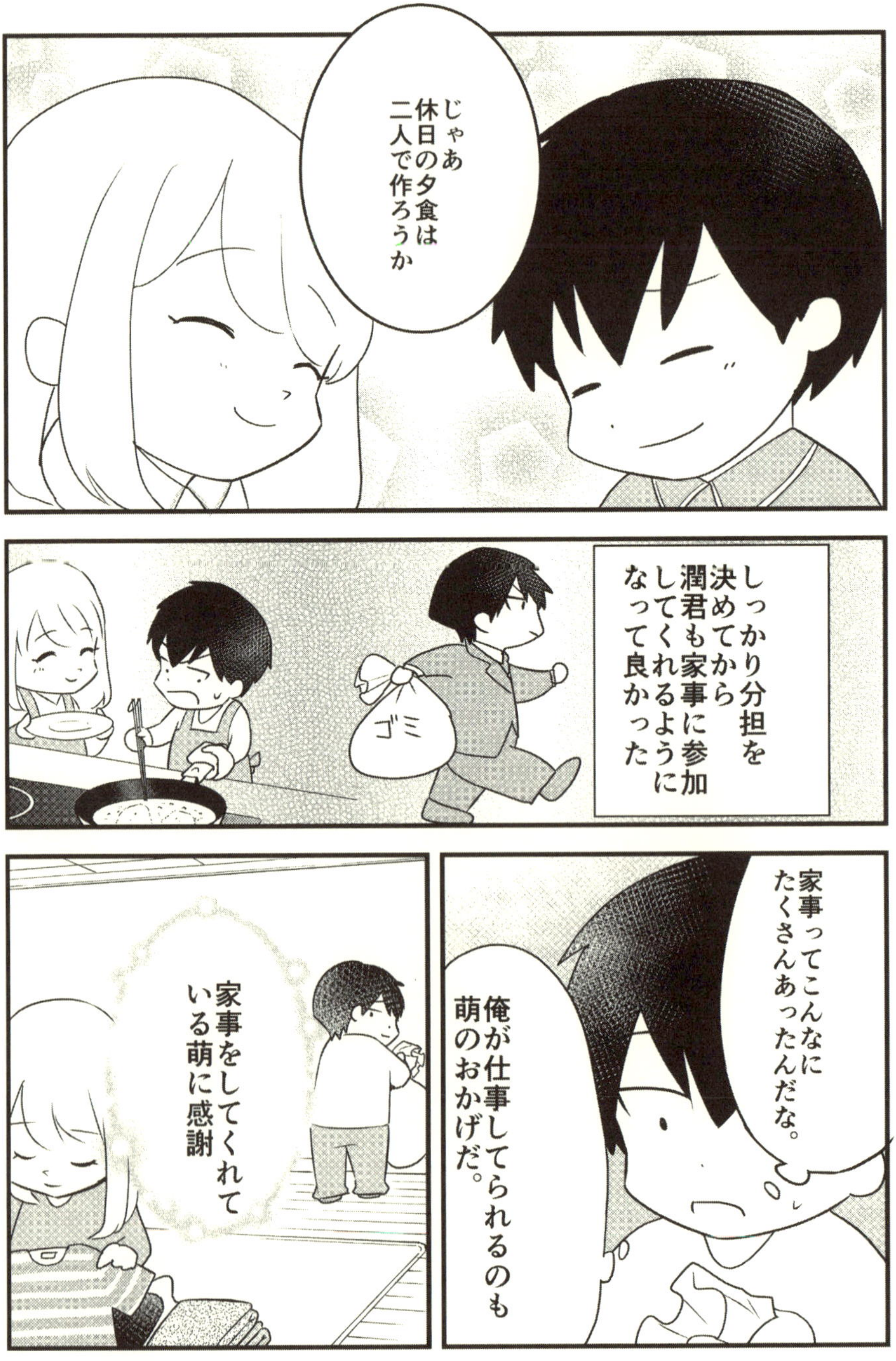
じゃあ
休日の夕食は
二人で作ろうか
しっかり分担を
決めてから
潤君も家事に参加
してくれるように
なって良かった
ゴミ
家事ってこんなに
たくさんあったんだな。
俺が仕事してられるのも
萌のおかげだ。
家事をしてくれて
いる萌に感謝

漫画の解説

女性の相談者の多くは、家事の分担に不満を持っています。近年では共働きの夫婦も増えており、女性であっても男性と変わらない勤務形態で働いている方も少なくありません。それにも関わらず、なぜか女性が家事をやるべきとの先入観が存在していることも否めません。一方で、自身も仕事をしていることを理由に、ほとんど家事をやらない女性もいます。

誰かが家事をしなくては、生活環境が乱れてしまいます。そこで、結婚をする前に、それぞれの家事に対する考え方をしっかり話し合っていく必要があります。

家事は結婚生活とは切り離せないものです。この家事を上手く分担し、共に協力して進めていくことで、より充実した結婚生活を送ることもできるでしょう。家事を二人の協力作業に位置づけて、楽しく行うと良いですね。

年収が多ければ家事の負担は減るのでしょうか？　荒川潤君と松下萌さん夫婦の事例で考えてみましょう。

荒川君は年収が550万円。残業も多めです。一方松下萌さんは、年収が300万円で残業はほとんどありません。こういった場合であっても、必ずしも萌さんが家事を担当する必要はありません。**法律では家事の分担と年収や労働時間は関係ない**と考えています。

そして萌さんが家事を担当している場合、潤君が550万円もの年収を稼ぐことができているのは、萌さんが家事をして支えてくれているおかげだと考えます。そうすると、潤君は、「俺は稼いでいるんだから萌が家事をして当然だ」という考えはやめなくてはいけません。

人には得手不得手があります。荒川夫妻の場合は、潤君が主として家計を支え、萌ちゃんが主として家事を行った方が効率的です。収入が高い潤君は、勤務時間や拘束時間が比較的長時間です。そうすると必然的に、家事に費やす時間は限られてきます。そこで、家事を萌さんが行ってあげることで、潤君は仕事に注力できます。それが、潤君の高収入へとつながります。

収入と勤務時間は必ずしも比例しませんが、多くの場合、稼ぐには相応の勤務時間が必要です。また、せっかくの休みの日には、家事ではなく自分自身の休みを取りたいとも考えるのも自然です。夫婦の両方が仕事を中心に考えているのか、それとも一方が仕事に注力し、もう一方が家事に注力したいと考えているのか、お互いの意識が家事の分担に大きく影響してきます。

だからこそ、しっかりと話し合ってお互いの考えを伝え合い、最適な役割分担を決めていくことが重要となるのです。

円満な夫婦となるためには、「女がやって当たり前」という考えはやめましょう。夫婦になるからには、家事も仕事も協力してやっていくのです。

共働きで収入が多いなら「家事代行サービス」を利用する手も

お互いが仕事に注力したいと考えている共働きの夫婦の場合、「家事代行サービス」の利用について取り決めをしておくことがトラブル防止につながります。

家事代行サービスとは、一般的な掃除や洗濯、料理などを代行するサービスです。気になる料金は東京都内でサービスを展開するある会社を例に取ってみると、定期プラン（月2回以上 一回3時間で一万二千円）です。

家事代行サービスを利用するなら、どちらがその費用を負担するのか、費用の負担割合はどうするかなどを決めておく必要があります。また、どの様な場合に家事代行サービスを利用するのか、定期か不定期かをも決めておくべきです。定期的に家事代行サービスを利用すると決めておくことで、プロに任せるべき家事とそうでない家事を明確にすることができます。女性からしても、あらかじめ家事代行サービスの利用が決められていれば「家事をサボってる」などと一方的に言われてしまうような状況となることを防ぐことができます。

家事のやり方に差がある場合は？

夫婦それぞれ育ってきた環境が違うから、家事のやり方は様々です。以前に離婚の相談にいらした男性の方は、「妻が洗濯物をリビングの床の上においてたたむのがどうしても耐えられない」と話していました。よくよく聞いてみましたが、そのお宅のリビングは決して汚いといわれるような場所ではありません。ごく普通のご家庭のソファやテーブル、テレビなどが置かれ素敵な絨毯が引かれたリビングでした。その相談者の方の妻は、リビングの絨毯の上に洗濯した衣類を置いて、一つずつ衣類をたたんでいたとのことです。多くの方にとって違和感のないたたみ方ではないでしょうか。しかし、男性の方は、幼いころから両親に衣類は決して床に置くなと言われて育ってきたとのことでした。そのため、妻がリビングの床に衣類を置くことが、離婚を考えてしまうほど許せないことだったんですね。

これはほんの一例ですが、家事のやり方に対する考えは千差万別です。育ってきた環境が違うのだから、**家事に対する価値観が異なるのは当然のことです。大きなトラブルになる前に、それぞれの家事に対する思いを話し合っておくことは大切です。**

ほこりひとつも許せない、潔癖症！

どの程度まで家事をやるのか、ということもお互いの考えを共有しておかなければならない問題です。「掃除をした」といっても、部屋が散らかっていなければ十分なのか、それとも、塵やほこりのひとつも目立たないくらいきれいになっていなくてはならないのか、掃除の完成度を人それぞれです。相手があまりに神経質すぎて、いくら掃除をしても部屋が汚いなんて言われたら、家事を担当する側は嫌になってしまいます。一方で、掃除したよと言われても全く片付いていない状態だったらこれもまた耐えられません。

せっかく家事の分担を決めても、「気にいらないなら全部自分でやれば？」なんてことになれば、分担を決めたことが無意味になってしまいます。そのため、何度か一緒に家事をやりながら、家事の完成状態を二人で確認しておいても良いでしょう。

家事の揉め事から離婚問題に発展して弁護士を訪れる方は少なくありません。とある女性から、「夫が家を出ていってしまい、離婚を求められている」と相談を受けたことがあります。詳しく聞くと、夫は、「家が汚すぎて、帰ってきても全然気持ちが休まらない、部屋の掃除がされるまで家には帰らない、掃除をしないなら離婚する」と伝えてきたとのことでした。その女性は、部屋を片付けたいという気持ちはあるものの、掃除がとても苦手なタイプでした。掃除がちゃんとできていない、ということだけでは法的な離婚原因にはなりません。ですが、安らぎの場であるはずの自宅が心も体も休まるような場所となっていないことは生活を送る上で大きな支障となります。

ライフスタイル

今度の週末、新潟に出張なんだ！
潤の友人
土日合流してスキーしようぜ？
ごめん、こないだ萌に休みの日くらいは家事を手伝ってと怒られてしまって。
泊りで出かけるのはちょっと難しいよ
それに旅費の問題も…
そうか、残念。また誘うよ…

潤は、結婚してから付き合い悪くなったよな。
ピッ
やっぱり結婚しちゃうと、自由に遊びにも行けなくなるのか。
俺はスポーツはやるのも見るのも好きだから、
休日は思いっきり身体を動かしたい。
それに、会社からとれって言われている資格の勉強もしたい
一級建築士
結婚しちゃうと、やりたいことも自由にできなくなっちゃうのかな

結婚してから
なんだか自由に遊べ
なくなった気がする
フットサルの
サークルにも
全然参加
できなくなったし
俺の自由な時間は
どこに行ったんだろ……

漫画の解説

独身時代は自由気ままに好きなように暮らしてきたかもしれません。しかし、結婚したからには家族のために費やさなくてはいけない時間が増えます。

何でもかんでも二人でやりたい、友達付き合いなんてしなくても妻（夫）だけいればいい!!と考えているカップルは、改めて仕事以外の時間の過ごし方なんて考える必要はありませんが、世の中そんなカップルばかりではありません。

人それぞれに、やりたいこと、ストレスの解消方法、生活にこだわりなどがあります。夫婦といえども、同じとは限りません。そのため、**趣味や休日の過ごし方についても話し合いをしておくことが重要です。**ライフスタイルの違いを理解し、互いのスタイルを尊重できれば、「結婚してから自由がなくなった」なんてことにはならないでしょう。

趣味・友人・休日の過ごし方

気が付いたら、休みの日に相手が何をしているのか全くわからないということにならないように、あらかじめ休みの日の過ごし方について、次のようなルールを決めた相談者もいます。

・夫・妻は、毎月第3日曜日は一緒に外出（デート）するよう心がける。
・毎月第3日曜日に他の予定が入りそうになったら、事前に報告及び相談する。
・外泊する際は、事前に「いつ」「だれと」「どこに」行くのかを報告する。

結婚を機に同居をはじめたカップルにとっては、休日の過ごし方で思わぬすれ違いが起ってしまうケースもあります。

「旦那の友達が新居に遊びに来るなんて聞いてない」「夫婦と言っても他人なんだから、すべての予定を把握されたくない」そんな些細な出来事から相手に不信感を抱くことがないよう休日の過ごし方についていて次のような希望をまとめておいても良いでしょう。

【旦那の希望】

・年に2回は友人と旅行したい
・テレビゲームだけをして過ごす休日もほしい

【妻の希望】

・自宅に呼ぶ友人は、夫婦共通の友人に限る
・男性アイドルのライブやコンサートには、積極的に参加したい

お金の問題

coffee cafe
この後、新しくできたフレンチのレストランに行かない？
萌の友人　砂塚紗代
家計を牛耳り、
プチ贅沢三昧の専業主婦
ごめん、来月旅行のためにお金使っちゃってて…
ちょっと金欠。
えっ、潤君に出してもらえないの？

うちは、お財布は完全に別だよ、
潤の収入も詳しく知らないし。
自分が使いたい分は自分で稼がないと
coffee cafe
将来に備えての貯金とかはどうしてるの？
coffee cafe
それも潤にお任せ
それじゃ不安じゃないの。
お金の管理はしっかりしておかないと。
ズバッ
ズバッ
それに子供が生まれたらお金もかかるし。
ズバッ
うちの夫はお小遣制だよ。
ズバ
たしかに……
そうだよね

お－砂塚！
なんか近くにステーキ屋ができたみたいなんだけど、
行ってみないか？
ランチに千円以上も出せないよー俺お小遣い制なんだぜ
あー…
そうかぁ～砂塚は月いくらのお小遣いもらってるの？
月3万だな。
ズーン…
きっつー！何も買えないし、何も食えないじゃん
[全体のお小遣い平均は37,000円。未就学児がいる家庭では25,000円が一般的なようです。]
そうそう。お前も結婚するなら、お小遣いは拒否しないと！俺みたいになるぞ
がしっ

家計の状況を把握しよう

結婚して生活を送っていく中で、お金の問題は大きなウェイトをしめます。毎日の生活費だけなく、子供の養育費、マイホームの購入、老後の生活費まで考えると長期的な計画立てが必要です。長期的な家計費計画を立てるためには、まずはお互いの金銭事情を把握する必要があります。特にマイナス財産（借金など）については予期せず発覚すると大きなトラブルを招くことになります。借金とは無縁に思えても「マイカーローン」や「奨学金」を利用しているかもしれません。給料は多くても可処分所得が少ないケースも考えられます。もちろん、生活費が足りなくて借金をしているケースもあるでしょう。

たとえ結婚したとしても、法的には、相手が作った借金を背負うことはありません。ただ、法的には責任は負わないとしても、共に生活を送っている以上、相手の借金は夫婦の家計に大きく影響します。

お金の管理はだれがする?

お金の管理方法は明確にしておくべきです。

一般的には次のような管理方法を採用している夫婦が多いです。一般的なメリット・デメリットもまとめました。合わせて確認して下さい。

○お小遣い型
妻に収入のすべてを預け、旦那はお小遣いとして一定金額を定期的に受け取る。

メリット……一方の浪費を抑えられる。

計画的に貯金等ができる。

デメリット……決まったお小遣いの中でやりくりしなくてはならない。

○定額生活費型
稼ぎのある方が他の一方に対して月々決めった生活費を渡してその中で家計のやりくりをする。

メリット……多く稼いでいる側に自由がある（お金を稼ぐモチベーションがあがる）。

デメリット……相手の収入・お金の使い道がわからない。

もらう金額が少ないと生活維持が困難。

安定した家計管理ができる。


仕事上のお付き合いなど家計以外の出費が多い場合には、このタイプが良いです、稼ぐ側に、働けば働くほど自由になるお金が増えるので、働くモチベーション維持にもつながります。

○共有型
夫、妻双方がそれぞれ共有の財布に金員を拠出し、共有財布の中で家計をやりくりする。

それぞれの管理方法のメリットデメリットを紹介します。

メリット……自分に自由になるお金をしっかりと確保しつつ、家計を安定させることができる。

貯金に回す部分も決めておけば、共有の貯金も確保できる。

デメリット……産前産後休暇など、一方が仕事を休まなくてはならなくなったときに家計管理方法を見直さなくてはならない。

お金の管理をする方は、浪費しないことが前提です。ある夫婦は旦那さんが有名国立大学の数学科を卒業し、奥様はお金の管理が苦手なタイプでした。そのため奥様は専業主婦でしたが、奥様がお小遣いをもらって家計は数字に強い旦那様が管理するというルールを作りました。

現在、お金の管理のために共同の銀行口座を作るカップルがいますが、注意が必要です。共有名義の銀行口座を作ることはできません。夫婦の共有財産を管理する口座であっても、夫婦どちらか一方の名義となります。夫婦が仲良く生活しているうちは問題なくても、夫婦仲が悪化しどちらか一方が家を飛び出し別居となった際に、共有口座を持ちだしてしまったというご相談はよくお聞きします。

共有財産のはずなのに、相手名義にしていると自身の管理は及ばなくなってしまいます。喧嘩の度に勝手に使い込まれたらどうしようと不安になるかもしれません。確かに、離婚となれば別居時点の口座残高を基準として財産分与を求めることはできますが、離婚に至る前に相手にそのお金を使い込まれてしまったら、実際に回収するのは困難です。

そこで、インターネット銀行を利用し、夫婦双方が銀行に預けている共有財産の管理できるようにしている夫婦もいます。最近は、稼ぐことに性別を問わない時代です。夫も妻も各自それぞれがしっかりと稼ぎ、対等に家計を支えていくことができます。家計に回さなかった部分は、自分の好きなことに使ってもいいですし、恋人のときと変わらない気分で、相手に贈り物をしても良いでしょう。

たとえ夫婦であっても、お金の管理は相手に任せきりにしないことが重要です。

生活費の負担割合の実例

ある夫婦は、双方が手取収入の50%、(旦那様が14万円、奥様が16万円)を家計費に入れ、お互い月2万円ずつは貯蓄に回し余ったお金は自由に使うという取り決めをしました。双方から家計費として入れられた合計額で、家計を回します。

こういったルールにするなら、明確に家賃(住宅ローン費)13万円、食費4万円、外食費3万円、通信光熱費4万円などと決めてしまい、毎月その金額で家計費が収まるようにと目標を立てるとわかりやすくなります。生活を送っていくと突然の出費を発生するので、予備費も決めておいた方が良いですね。さらに、「2030年までには500万円貯める!」と貯蓄目標も設定しておくと、家計管理にも張り合いがでてきます。

借金

消費者金融などから借りてしまったという場合のほかにも、夫婦間での貸し借りや、自身の家族・親族への貸出し、相手の家族・親族からの借入れなど、問題が発生し得る状況は多岐に渡ります。

① 消費者金融などからの借金

相手の承諾を得ずに借入れをしない、自身が負った負債は自身の責任で返済する、相手には迷惑をかけないなど金銭の借入れをする際の約束事はしっかりと決めておきましょう。連帯保証人となってしまった場合には、たとえ離婚したとしてもその義務からは逃れられません。夫婦だからといっても、慎重な判断が必要です。

② 家族・親族からの借金

関係性が良好な時は、「あげたのか」「貸したのか」曖昧なままお金を渡してしまうことがありますが、関係性が悪化した途端に「返せ」「もらった」のトラブルに発展します。相手の両親から「もらった」金銭を、離婚した途端に突然「返せ」と言われたという話はよく耳にします。両親の「自分の子供の結婚相手だからお金をあげた、離婚するならやっぱり返してほしい」という気持ちもわからなくはありませんが、あげたものを取り返すのは法律的には難しいところです。

実はパートナーには黙っている財産がある⁉

相手に収入のすべてを明かしてしまうと頼りにされそうで嫌だ、そんな思いから自身の収入を低く伝えているなんてお話を聞くことがあります。また、相手には公開していない隠し口座に貯金があったり、投資を行ったりしているといったケースもあります。

しかし、結婚する以上は、相手に対して包み隠さずに資産をオープンにすることが重要です。結婚して、同じ生活基盤の上で生活する以上は、互いの財産状況を正確に把握しているメリットの方が大きいと考えましょう。

仮に、投資してたまたま金銭が何倍にも増えたとしても、その金銭を相手に隠していたのであれば思うように使うこともできません。また、投資のことを秘密にしたまま浪費していると、その出所を疑われてしまいます。一方、投資の失敗などにより大きな借金を負うことになった場合、家族に多大な迷惑をかけることになってしまいます。秘密にされていたということは、不信感にもつながります。

あらかじめ相談されていたなら問題が大きくなる前に、家族で対処できることもあります。

自分の財産を頼りにされては困る……というのであれば、「頼りにしないでほしい」ということを理解してもらうことが必要です。

そして、夫婦共有の財産としたくはない財産は、その範囲を明らかにし、財産分与の対象とはしないという取り決めをすることもできるでしょう。

・○○銀行○○支店　口座番号123456の預金残高は、夫の特有財産とし、財産分与の対象とはしない。

お金の使い方が理解できない!?

男性の場合、趣味のバイクや車に大量のお金をつぎ込むのが理解できない。
女性の場合、ブランド品やママ友のランチに2、000円といったお金の使い方が理解できない。
など男女によってお金の価値観が変わってくる気がします。また、男性は係長、課長と出世していくと後輩・部下も増え、奢《おご》らないといけないタイミングが増えてきます。

後輩に飯を奢《おご》るための費用は、女性にとって理解できないかもしれないですし、そもそも怪しいお金の使い方でもあるでしょう。理解できないものを理解しろというのは、乱暴です。だからこそ、自由に使えるお金をお互いが十分に持っていることは重要です。

余ったお金は投資する？ 貯金する？

投資＝ギャンブルと捉えている人も少なくありません。日本は、アメリカと違い義務教育で投資の勉強はしません。そのため投資について何も知らない人が少なくありません。金融庁や政府も「貯金から投資へ」のスローガンを掲げていることからもわかるように「貯金」だけが「将来に備えて蓄える」方法ではありません。

夫婦間でどういった方法で将来に備えるかを話し合ってみましょう。

再婚

今日は休みでしょ
何処かにいくの？
ぜクッ
えーっと…
前妻との子に
会いに行くのだが
現妻が嫌がるので
言いたくないな・・・
なんかやましいこと
でもあるの？
いや…今日は
娘との
面会交流の日なんだ。
それでもうすぐ
娘の誕生日なんで…
ああー
そうだったよね。
親子の関係は
大切だもんね。
いってらっしゃい
どこにいくの？

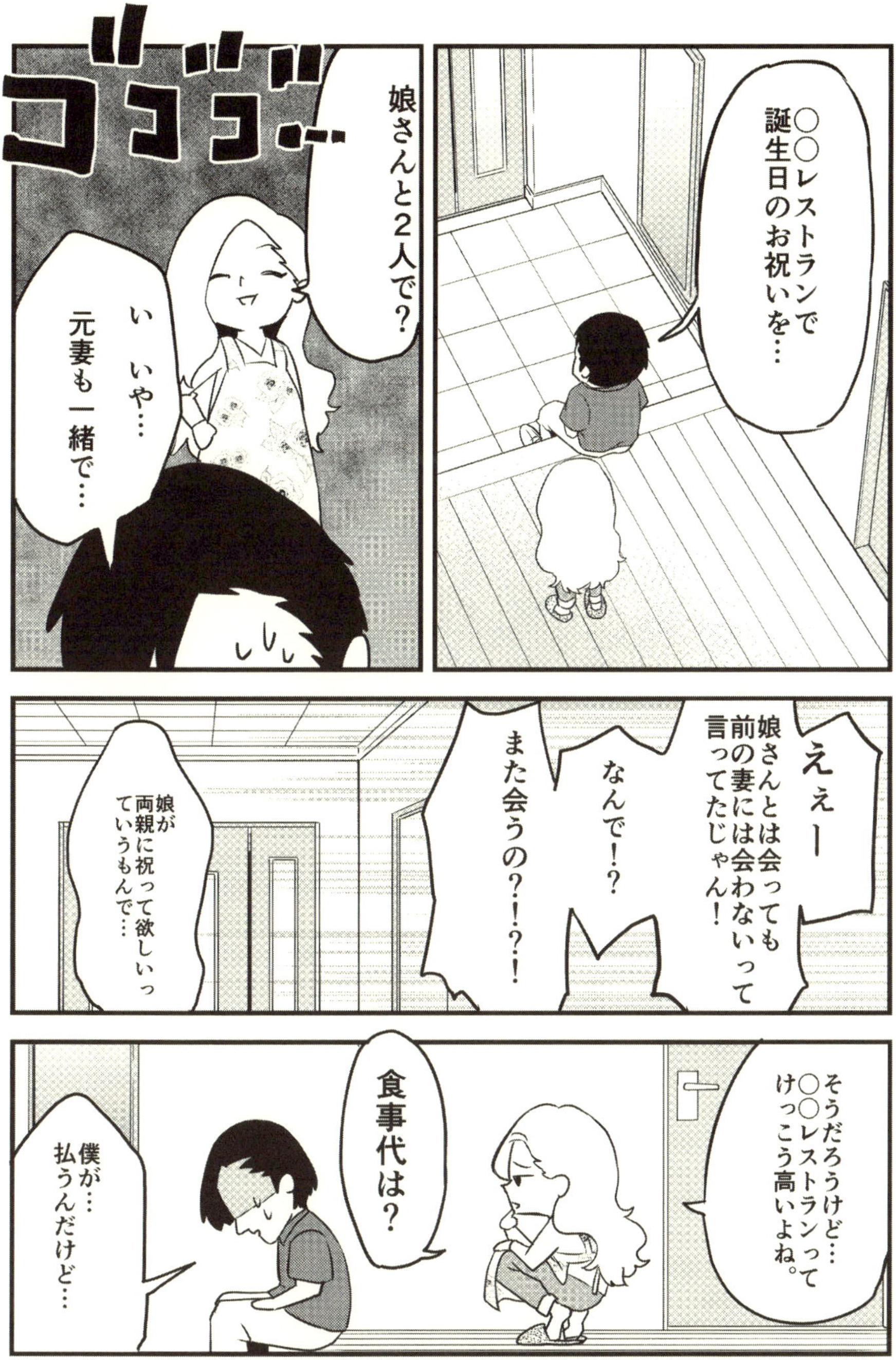
○○レストランで誕生日のお祝いを…
ゴゴゴ…
娘さんと2人で?
い いや… 元妻も一緒で…
えぇー
娘さんとは会っても前の妻には会わないって言ってたじゃん!
なんで!? また会うの?!?!
娘が両親に祝って欲しいっていうもんで…
そうだろうけど… ○○レストランってけっこう高いよね。
食事代は?
僕が… 払うんだけど…

ええぇー
最近は私達も
外食費を
控えているのに。
それに
ついこないだだって
お子さんが進学するのに
お金がかかるとかで
養育費を多めに
渡してたじゃん…
ウチの家計のことも
ちゃんと考えて
くれてるの？
もちろんだよ
（せっかくの
面会交流の日なのに
朝から家族と
もめたくないのにな…）

漫画の解説

いまや再婚は珍しいことではなくなっています。そして、再婚相手は子持ちで、その子供との面会交流や養育費の支払いがされている場合も少なくありません。

面会交流の日に、子供と会うことは我慢できても、前の妻と会うことは絶対嫌だという方もいます。双方が2度目以降の結婚ならともかく、一方が初婚である場合などは理解を得ることがなかなか難しいケースもあります。**お相手が過度に不安にならないように、どの様な面会交流がされているかをしっかり説明されると良いでしょう。**

・前妻とは子供のこと以外で連絡を取らない。
・面会交流の実施日時はあらかじめ報告する。

また、**養育費としていくら支払っているのかは明らかにしておいた方が良い**でしょう。家計は、養育費の負担も含めて考える必要があります。養育費が、過度な負担となっていないかを見直してみてください。また、前妻が再婚し子が新しい父親と養子縁組した場合や、ご自身の新しい家族にも子供が生まれた場合などには、養育費の減額請求ができる場合もあります。

第3章

こだわりのルール

誰も知らない秘密の趣味

おーい今日、飲みにいかないかー？
あー今日はちょっとね。
了解！また誘うわ
はは〜ん。奥さんと仲良さそうですね〜〜
今日は帰り遅くなる？
いやーどうだろう。残業2時間ぐらいしなきゃだから帰りは8時かな
こそこそ…
ガヤガヤ
ガチャ…
いらっしゃいませ。ご予約いつもありがとうございます
SMクラブ
初回入会金
無料
料金

性風俗店SMの趣味があると彼女に言わなくてはいけない?

婚前契約書に風俗禁止と定めた場合であっても、違約金についての定めがなければ、内緒で風俗に行ったとしてもすぐに何らかの法的責任が生じるわけではありません。ただ、法的責任が発生しなくとも、夫婦間の争いを事前に防止するためにお互いの風俗に対する考えを話し合うカップルもいます。（マンガのように）夫の趣味はSM……だけど、妻はSMには応じられない。SMが夫の唯一のストレス解消でありやめられないならば、妥協点を探す必要があります。風俗通いを許容する代わりに、何をしてくれるの？　聞いてみても良いですね。

・妻は夫がSM風俗店に行くことを許容する。
・夫は、月に一度、性病検査を受ける。
・性風俗店へ行く際は必ず避妊具を装着する。

もちろん、多くの女性は夫が風俗に行くことを良しとはしませんが、ふとしたことでバレてしまって喧嘩、離婚といった争いになるよりは、あらかじめルールを作っておく方がお互いにとって良いと考える人も増えています。

性風俗店でなくとも、男性であれば仕事の付き合いでキャバクラへ行かなくてはならないこともあります。断ってばかりでは「付き合いが悪い男」として、仕事にマイナスとなることもあります。たとえ仕事であっても、夫がキャバクラへ行くことは嫌だと考える女性が多いとは思いますが、男性の立場も考え、一定の条件のもとで許容しても良いですね。

・女性が客席につき接待する飲食店（キャバクラ）に勤める女性と店外で会うこと（同伴及びアフター）は禁止する。
・女性が客席につき接待する飲食店へ行く際は、行く前に妻の承諾を得る。

法律的に風俗にいくことは、「離婚」の原因になるの？

たった一度の風俗利用だけで離婚を認めた裁判例は今のところありません。離婚原因になるかどうかは、その行為が、「婚姻を継続し難い重大な事由」にあたるかどうかが判断基準です。

一度だけの風俗利用では、「婚姻を継続し難い重大な事由」があったとは言えないため、裁判所も離婚原因とは認めないのです。しかし、風俗の利用が幾度に及び、何度もやめてほしいとお願いされても、それでも風俗に通い続けたというのであれば状況は変わってきます。このような頻繁な風俗通いにより、妻は精神的な苦痛を負い、もはや夫に改善も期待できないのであれば、婚姻生活を継続していくのは難しいと考えられます。

また、このケースでは、離婚原因を作出したとして、損害賠償請求されることもあり得るでしょう。

LGBT

欧米諸国を中心とした諸外国では、同性パートナーについての法的な保障が整備され始めています。しかしながら、日本では、まだ法整備が不十分で、LGBTの婚姻は認められていません。条例により※パートナーシップ証明を受けることができる地域もありますが、パートナーシップ証明を受けたからといって、直ちに何らかの法的拘束力や強制力などの効力が発生するわけではありません。

そこで、後述する事実婚カップルと同様に、法律婚によらずに婚姻関係と異ならない程度の共同生活を送っているLGBTの方のカップルには、**パートナー契約書**を結んでおくことに特段の意味があります。

パートナー契約書とは、夫婦間に発生する権利や義務（同居義務、相互扶助義務、貞操義務、財産分与請求権、不貞行為に対する慰謝料請求権）を契約書により取り決めるもので、権利義務に限らず、法律婚カップルと同様に、二人の将来の目標、パートナーの在り方なども契約書に盛り込むことで、二人の愛の証にもできます。

なお、ＬＧＢＴの方は、**パートナー契約書と併せて、医療に関する意思を示す書面・任意後見契約・遺言書も作成しておくことをお勧めします。**

※パートナーシップ証明とは？

日本国内では、同性同士の結婚は認められていません。ただし世田谷区や渋谷区など一部の地方自治体は、「パートナーシップ証明」といって人生を共に歩むパートナーであるという証明書を発行しています。この証明書があれば、「保険金の受取人になる」「携帯電話会社で家族割りを利用できる」「病院で家族しかサインできない同意書にサインできる」といったいわゆる家族としての扱いを受けられる可能性があります。

ただし、パートナーシップ証明を持つカップルを婚姻状態の夫婦と同一視しなければならないという法律はありません。その点には留意が必要です。

事実婚

大塚の会社の人間と食事会の席で
妻を紹介することになった
大塚の仕事で妻の書道の作品を使うことになったためである
妻の芳子です。結婚して8年目になります。
大塚の妻の小山田芳子です
大塚
小山田
え…名字が違うの

そうなんですよ。
私達実は籍はいれていないんです
出会ったころには芳子は既に小山田の名前で売れっ子の書道家だったもので。
突然大塚芳子にはなれなくて事実婚を選んだんです。
おぉ…!
さすが今時な感じですね
たしか社長のところってこないだ小学生になったばかりのお子さんいましたよね？
そうそう明の名字も小山田なんだ
へー!!

なんか不安とかないんですか？
結婚していないから子どもとも芳子とも籍は別だけど
ちゃんと認知してるから子との法律関係は普通の親子と何も変わらないよ。
名字は違うけどね
大塚に突然何かあっても
相続についてはしっかり遺言書も書いてもらってるから心配ないし

漫画の解説

最近では、実質的には夫婦同然の生活を送りながらも、あえて法律上の婚姻関係にはならないことを選択するカップルも少なくありません。一度失敗したからもう結婚はしたくない、とか、シニアの方が先妻との間の子供を意識して事実婚としたといったお話もお聞きします。

事実婚とは、その実態は「内縁」と変わらないのですが、「内縁」の言葉のイメージが良くないため「事実婚」と表現するようです。また、「事実婚」という言葉からは、自らの意思で結婚ではなく、法律婚によらない関係を選択したとの思いも読み取れます。

事実婚は、法律婚と準じた生活実態が存在していると認められれば、法律婚の夫婦と同じような権利・義務が認められています。

そうであっても、法的に明確な関係があるわけではないため、本当に法律婚に準じた生活実態があったのか否かは争いになり得ます。そして、法律婚に準じた生活実態があったことを証する証拠を揃えることは大変です。事実婚は、法的なつながりがないため、自由である反面、不安定な関係ともいえます。二人の関係が良かった時は気にならなくとも、いざ別れ話となったとき、相手があまりに自分勝手・無責任な態度を取らないとも限りません。そのような場合に備え、二人の関係性や決め事について明確にしておくことは重要です。**そのため、事実婚に関する契約書を作成することには大きな意義があります。**その際は「法律婚に準じた関係」があったことを確認する条項を入れることが必須です。

・甲及び乙は、婚姻届けの提出はしないが、互いに婚姻の意思を持って、法律婚の夫婦と変らぬ婚姻生活を送ることとする。
・甲及び乙は、相互に協力・扶助・同居義務を負っていることを確認する。

事実婚カップルの大きな問題のひとつに子供のことが挙げられます。本来、結婚している夫婦の間に子供が生まれれば、子供はその両親の戸籍に入り両親が共同して親権を持ちます。

事実婚で子供を産んだ場合、子供は非摘出子として母親の戸籍に入り、親権は母親が持ちます。父親が認知をしたとしても、子供と父親の戸籍は別となり、名字も異なります。出産については、子の戸籍も考えた上で、検討していく必要がありそうです。

マンガにあるように、芳子が明を出産したことで、芳子を筆頭者とした戸籍が新しく作られその戸籍には、芳子と明が記載されます。そして、秀章が明を認知したことで明の父親には秀章が記載されますが、あくまで秀章と明の戸籍は別です。また、明は婚姻をしていない秀明と芳子の子であるため、秀章の嫡出子ではなく非嫡出子となるのです。ただ、一昔前は、非嫡出子は嫡出子の半分しか相続できませんでしたが、今はこの法律は改正されています。秀章と明の関係は、法律的なところでは普通の親子と何ら変わることはありません。

事実婚は相続に注意

事実婚では夫と妻の間の相続がされないという問題があります。相続に関しては、二人の合意書ではなく「遺言書」を作成しておくことがあります。一方が亡くなった場合、配偶者の地位を有していない者は、一切の相続権がありません。予期せぬ出来事で、自身のパートナーを困窮させることとならないよう、先立つ準備しておくことが大切です。

相続権がないとどうなる？　問題点と解決方法

相続権がないということは、相手が亡くなったときに相手の財産がもらえないということです。ご自身も経済的に自立していたならば良いのですが、そうではなく老後の生活などに相手の財産をあてにしていた場合は、生活していく術を失ってしまいます。

また、共に暮らしていた家が相手の持ち家や相手が賃借している家だった場合、相手が亡くなってしまった以上はその家を居住する権利失い、追い出されてしまうこととなりかねません。

第4章

もう失敗したくない！
離婚とならないための婚前契約書！

2017年の厚生労働省の発表によると、婚姻件数は約六十万七千件に対して離婚数は約二十一万千件でした。いまや離婚は珍しいことではありません。もちろん2回目、3回目の結婚という話も驚かなくなってきました。ただ、1度失敗を経験してしまうと、再婚には慎重になってしまう方も少なくないでしょう。

離婚は、それまでに築きあげてきた生活の基盤を一度リセットすることです。場合によっては、愛する子供と引き離され別々の暮らすことを強いられます。慰謝料として、多くのお金を払わなくてはならないこともあります。生活環境に大きな変化を伴うため、その精神的負担は計り知れません。

そもそも離婚するのはとても大変……!

離婚には、協議離婚、調停離婚、審判離婚、裁判離婚（認諾離婚、判決離婚、和解離婚）があります。これらのうち、協議離婚以外は、裁判所が関与する離婚です。

協議離婚は、夫婦が離婚に合意し、離婚届けを提出すれば成立します。日本においては、離婚の約9割が協議離婚です。協議離婚は時間も費用もほとんどかけず、当事者だけで離婚を成立させることができます。お互いの負担を軽く済ませるのであれば、この方法で離婚するのが一番望ましいでしょう。ただ、協議離婚ができるのは、当事者間で離婚条件に争いがない場合です。意見が対立し、離婚協議が調わなければ、裁判所の関与により離婚するしかありません。

そして、離婚は調停前置主義が取られており、離婚裁判を提起する前に、必ず離婚調停の申立てをしなくてはなりません。調停となれば、調停員会により合意の斡旋がされます。そして、当事者間で離婚条件の合意が成立すれば、調停離婚となるのです。

調停の場においても離婚の合意が成立しない場合には、裁判離婚となります。裁判となった場合には、裁判官が離婚の成否を判断します。裁判官の判断の基準は、民法に規定されています。この、離婚要件が認められた場合にのみ、離婚の判決がくだされます。なお、裁判中であっても、当事者の合意が成立すれば、和解により離婚（和解離婚）できます。

第770条1項
夫婦の一方は、次に掲げる場合に限り、離婚の訴えを提起することができる。
一　配偶者に不貞な行為があったとき。
二　配偶者から悪意で遺棄されたとき。

三　配偶者の生死が三年以上明らかでないとき。
四　配偶者が強度の精神病にかかり、回復の見込みがないとき。
五　その他婚姻を継続し難い重大な事由があるとき。

財産分与とは？

財産分与とは、婚姻中に夫婦が協力して築いた共有財産を分けるということです。共有財産には、お金（貯金）のように明確に二分割できるものであれば、結婚してから購入した住宅など分割できない財産もあります。

家事労働は夫の仕事と同等の価値がある

財産分与のポイントは、主にその金額です。たとえ専業主婦であっても、夫が妻のおかげで外で働けると考えるため、妻は財産分与を受け取ることができます。家事労働も立派な「労働」なのです。妻の貢献により、夫は収入を得、財産を形成することができているのです。

そのため、**基本的には、離婚時（別居時）の夫婦の財産を50対50、半分に分けることとなります。**

その際、旦那の年収の多寡は関係ありません。夫の年収が高ければその分家事労働の価値も高いものとして計算します。

分割できない共有財産はどうする?

自動車・家財道具・貴金属・絵画・骨董品といった二つに分けることができないものも財産分与の対象です。こういった二つに分けられない共有財産は、どちらか一方がその物を引き取って、受け取らなかった方は、その持ち分相当額を引き取った方から金銭で受け取ります。

こういった「物」の場合、まずどちらがその物を引き取るのかで揉めます。どちらもその物を相手に引き渡したくないと考えているのであれば、なかなか話はまとまりません。中には、本当は不要だけれど、タダで相手に渡したくはない!!との理由で争いを続ける方もいます。

そして、所有者が決まっても、所有者とならなかった方へその対価としていくら渡すのか、その財産を適切に評価することが非常に困難です。

また、不動産は、評価する者・評価の方法によっても、金額が変わります。適切な評価をすることは難しい財産です。不動産のように評価の対象となっているものであればまだ良いのですが、当事者にとっては大切な物でも、金銭的価値がつけられないものは少なくありません。お金では価値が計れない物をどちらが引き取るのかを決めるのは大変な事です。最近では、ペットをどちらが引き取るかで揉めているとのご相談を受けたこともあります。

結局、どちらにより懐いているかでお決めになられたようですが。

子供の問題

1 親権はどちらが引き取る?

民法上、離婚する際は、子供の親権者を定めます。親権者は、未成年子の独立の社会人としての社会性を身につけさせるために、身体的に監督・保護し、また、精神的発達を図るために配慮をすること(身上監護権及び同義務)と、未成年子が財産を有するときにその財産を管理し、その財産上の法律行為につき、子を代理したり同意を与えたりする権利(財産管理権)があります。

親権者が決まらないと離婚はできません。夫婦関係が壊れてしまい、配偶者とは離れていたい、そうであっても子供とは離れたくない。そんな気持ちから、親権者が決められずになかなか離婚の話が進まないという夫婦も少なくありません。

当事者の話し合いで親権者が決められない場合には、家庭裁判所に離婚調停の申立てをすることができます。しかし、調停での協議においても子の親権者を定めることができない場合には、家庭裁判所に協議に代わる審判を請求し、どちらが親権者になるか決めてもらうことになります。

家庭裁判所の審判例などにおいて、父母のいずれが親権者として適格性を有するかを判断する場合の具体的な要因をみると、父母の事情として、父親、母親それぞれの側の監護に対する意欲（子供に対する愛情の度合い）、監護に対する現在及び将来の能力（親の年齢、心身の健康状態、時間的余裕、資産・収入などの経済力）、生活環境、生活状況（住宅事情、居住地域、学校関係）が判断材料となります。

一方、子の側の事情としては、年齢・性別、兄弟姉妹の関係、心身の発育状況、従来の環境への適応状況、環境の変化への適応性、子の希望などの事情を総合的に検討して判断されます。

専門用語が難しいのでもう少し解説を加えます。

ア　監護の継続性の基準

これまで実際に監護してきた者を優先させるという考え方です。現在の養育環境で安定している親子関係に変更を与えることは、子の情緒を不安定にし、子の人格形成上好ましくないという理由から、現状を維持するため、原則として実際に子の監護をしている者を親権者とするのです。

そこで、子に対する虐待・遺棄放置など子の福祉上問題となるような特段の事情のない限り、現実に子を養育看護している者を優先させるべきであるとされています。

イ　母親優先の基準

子が乳幼児である場合、母親が親権者と指定されることが多いといわれています。

最も、最近では、「母性」は必ずしも母親によるものを意味するのではなく、これまで子育てをしてきた者による愛情という意味である解され、乳幼児であっても父親を親権者とする裁判例もあります。

ウ　子の事情

子の年齢、子の意思、性別、子の心身の発育状況、兄弟姉妹の関係、環境の変化による影響の度合い、親や親族との情緒的結びつき等の事情が判断材料となります。

たとえば、乳幼児や未就学児の場合、母親は一日中子供の面倒を見なければならないため、母親が親権者と指定されることが多いです。

一方で、子供が大きくなると、子供の意思やそのほかの事情も加味して判断されます。

エ　離婚に際しての有責性

たとえば、離婚の原因・責任が夫婦の一方の不倫や浮気にあるとしても、そのような離婚原因自体は親権者の決定には影響しません。なぜなら、両親のうちどちらに親権を持たせるのが子供の利益になるかは、離婚原因は別の問題だからです。

そのため、母親の不倫が離婚の原因になったとしても、子供が小さい場合には、母親が親権者とされる可能性は十分にあります。裁判例でも、別居後男性と交際している妻を子の親権者と指定したものがあります。

2 養育費

親権者となった親は、もう一方の親に対して、子供を育てていくための養育に要する費用を請求できます。この費用が「養育費」です。離婚をし、共に暮らさなくなったとしても親として当然支払ってもらうべき費用ということになります。

養育費の支払義務は、子供が最低限の生活ができるための扶養義務ではなく、それ以上の内容を含む「生活保持義務」と解されています。生活保持義務とは、自分の生活を保持するのと同じ程度の生活を、扶養を受ける者にも保持させる義務のことです。

つまり、養育費は非監護権者が暮らしている水準と同様の生活水準を保てるように支払っていくべきものであるということです。そして、非監護権者が「生活が苦しいから払えない」という理由で支払義務を免れるものではなく、生活水準を落としてでも払う必要があるお金となります。このように、「養育費」は、非監護権者が「余裕がある場合に支払えば良い」というものではありません。

子供にとっては、父も母もどちらも大切な親であることには変わりません。親が「離婚」したという負担を少しでも子供に感じさせないように互いに配慮できると良いです。

まとめ

離婚は、だいたいが夫婦の関係が壊れてしまった時に起こるものですから、とにかく揉めます。離婚の条件は、離婚時の具体的な事情によってもかわってくるため、あらかじめ決めておくことはできません。そうであっても、少しでも問題を複雑化させないために、しっかりとしたルール作りをしておくことは重要です。

そもそも離婚とならないように、お互いに相手を思いやり、意見交換をし、永続した結婚生活を送るべきでしょう。

Case Study

実際どんな相談が多い？

婚前契約書を作りたいとご相談にいらっしゃる方は、最初は一人で来る方、最初からカップルで来る方、まだお相手に婚前契約書を作りたいことを伝えられていない方、ご両親の要望でくる方、と様々です。

その中で一番多いのは、「最初は一人で来る方」です。譲れない要望があって、「なんとしてでもその要望が実現できる婚前契約書を作っておきたい」と考えるようです。

▼では実際どんな要望がある？

どうして婚前契約書を作ることにしたかという理由には、その人のこだわりが現れています。一概には言えませんが、男性はお金の問題、女性は生活上の問題を重視する傾向があります。

※以下の事例は実際の相談事例とは異なります。

・Aさん（男性）の場合

Aさんは外資系システム会社の営業マンとして働いており32歳にして年収はおよそ1，200万円です。一般的な会社員として働いている奥様よりも圧倒的に稼ぎが良いため、結婚を機に財産を奪われてしまうのではないかと不安に思っています。

結婚前に貯めた貯金は3、500万円。今は仲が良いから特に問題は感じないが、離婚問題が発生したときにどうなるのか心配でたまらない。

Q　自分が築いた財産を守るための契約書を作りたいと思っているがどうすればいいか？

そもそも、結婚前に築いた財産は個人の財産であり法律上は守られています。しかしながら、結婚するとお財布は一緒との考えから、結婚前の財産と結婚後の財産との区別があいまいとなってしまうことが考えられます。そこで解決法としては、次の2点を注意しましょう。

・結婚前から有していた財産の目録を作り，目録上の財産が特有財産（個人の財産）となっていることを確認しておく。
・結婚後に築いた財産についても，夫婦共有財産となる部分とそうでない部分を決めておく。

・Bさん（男性）の場合

Bさんは、とにかく自由を奪われたくない。異性の友達もたくさんいるし、キャバクラ・風俗も大好きで定期的に遊びにいきたい。ただ、妻のことはもちろん大好きだし、特別な存在。浮気をするつもりは毛頭ないが、異性の友達と遊んだり、キャバクラに行ったりするのが「浮気」だと判定されたら困る。

Q　今の自由な生活を守るために契約書を作りたい、女性問題でもめたくない

まずはしっかりと話合い、お相手に自身の考えを理解してもらう必要があります。お互いが納得いくまで話し合って出した結論を書面で残しておきましょう。たとえば次のようなことを検討してみましょう。

・浮気のラインを明確にする。箇条書きで浮気とみなされる行為を示しておく。
・「キャバクラや風俗の利用を認める」と明記しておく。

・Cさん（男性）の場合

Cさんは、26歳のときにサラリーマンを辞め起業しました。会社の株式のほとんどをCさんが持っています。会社は順調に成長し、株の評価額も上がっています。もし結婚に失敗し離婚となったとき、妻に会社の株式を渡さなくてはならないの（財産分与）でしょうか？株式を渡すとなると、会社の議決権や拒否権を妻が持つことになり、会社の経営に影響しないかが心配です。

Q　夫婦の問題と会社の経営を切り離すいい方法はありませんか？

離株の評価額増加部分につき、婚姻後の夫婦共同で築いた財産と認められれば財産分与の対象とされ得ます。株式原物ではなく、金銭により解決することも考えられますが、現金が用意できなくては株式を渡すほかなくなってしまいます。もちろん、財産分与により妻が株式を取得し株主となったなら会社の経営に口を出すことが出来るようになります。離婚した妻が会社の経営に口を出すようになったら、経営が危ぶまれることが予想されますね。

そこで予め、**既に持っている会社の株式や婚姻中に新たに取得した株式は夫婦の共有財産とはしない＝財産分与の対象とはしないと合意を結んでおくことができます。**ただ、妻の権利を不当に害することがないよう、株式以外の財産で補っておくことも必要です。

・D子さん（女性）の場合

結婚直前に浮気が発覚しました。今回は許すが今後二度と浮気をしないことを約束してほしい。もしまたしたときは離婚をしたい、離婚となったときは多額の慰謝料が取るようにしたい。

Q　浮気男とも借金男とも結婚したくないです。どうすればいいでしょうか？

借金したら離婚！と合意しても、それが裁判で認められるかは難しいところです。ただ、お二人の約束事として、裁判によらずに解決する方法として、二人だけの離婚事由を決めておいても良いでしょう。たとえば、①借金したら離婚②浮気したら離婚等です。また、離婚となった場合、**離婚原因を作った方が相手に支払う金額を決めておくとよい**でしょう。

・E子さんの場合

結婚相手は、もともとパチンコが趣味でE子さんから30万円、カードローンで40万円借金を作ったことがある。結婚を機に借金もパチンコもやめると言っているが、念のため契約書を作っておきたい。

Q　借金をしてはいけないという婚前契約書は作れますか？

借金癖がある人はなかなか直らないものです。結婚する以上は、勝手に借金してはいけないということを理解してもらうためにも、**契約書に借金禁止条項を入れるとともに、ご本人に借金しないことを誓うとの誓約書を書いてもらっても良いでしょう。**

・F子さんの場合

相手に前妻との子がいる。前妻とは金銭トラブルが原因で離婚したようだが、非常にきれいな女性で浮気に発展してしまいそうで不安である。

Q　前妻と浮気しそうで不安です。この不安を払拭できるようなルールはありますか？

新たに結婚するという状況では、前妻になんて未練なんかない方がほとんどだと思います。しかし、女性からしてみれば、自分のパートナーがかつて共に生活をしていた女性に会うなんて不安しかありません。その不安を和らげて上げるためにも、次のようなルールを決めておくと良いでしょう。

・子に会う時でも、前妻に会うなと制限をつける。
・前妻と会う際は必ず事前に報告する。

このように男性は「お金」や「自由」を守るために婚前契約書の作成を望み、女性は借金・浮気等不安になる出来事があったときに、「男性の行動を制約」するために婚前契約書作成の相談にきます。そして、離婚になったときに備え多額の慰謝料を定めておくよう希望する方が多いです。

こういった事例を見ると明らかですが、婚前契約書の内容を相手に任せきりにすると、相手に有利な契約書となってしまいます。婚前契約書を作る際は、ご自身で内容を確認し、自分の意見を伝え、その意見が契約書に反映された契約書を作ってください。

参考

荒川君と松下さんの婚前契約書

婚前契約書

荒川潤（以下「甲」という。）と、松下萌（以下「乙」という。）は、甲乙間の婚姻について以下の通り合意した。

第１章　夫婦のこと

第１条（婚姻の理念）
甲及び乙は、いかなるときも、互いに感謝・尊敬・助け合いの気持ちを忘れず，末永くお互いを愛し続けます。

第２条（夫婦の話合い）
１　子の教育，家事，家計等，夫婦・家族に関する様々の事項については，常に十分な話合いの機会を設けます。
２　夫婦の話合いは，週に１回・１時間程度おこないます。

第３条（趣味）
１　趣味に金員を費やすときは，事前に相手の承諾を得ることとします。
２　乙は，甲が趣味に費やす時間を尊重します。※1

第４条（家事の分担）
１　家事は，原則として乙がおこないます。※2
２　甲は，乙から家事の補助を求められたときは，出来る限り協力します。
３　甲は，乙が家事を行うことに感謝の気持ちを忘れません。

第４条（子ども）
１　子の教育には，愛情と責任をもって取り組みます。
２　子の教育方針は，十分な協議をします。
３　小学校・中学校は，公立学校へ通わせます。但し，子の希望は尊重します。

第５条（親族）
１　互いに，相手の両親・親族を自身の両親・親族と同等に大切にします。
２　両親・親族に介護等の援助の必要が生じた際には，援助方法等につき十分に話し合います。

第６条（不貞行為等）※3
１　不貞・浮気と思われるような行為はしません。
２　以下の行為は「浮気」とみなします。
（１）異性と二人きりでの宿泊
（２）相手の承諾を得ずに，異性と二人きりで食事にいくこと
（３）出会い系アプリを利用すること

POINT! ①
旦那さんに特別な**趣味**がある場合、本書では楽団に参加してフルート奏者として練習や大会に出ることなどを想定した文言だ。

POINT! ②
萌さんは、潤君と比べて残業も少なく自由な時間が多い。子育てが始まったら、潤君が積極的に**家事**を手伝わないと不満。

POINT! ③
性風俗店の条項を加えるなら、二人だけで話し合うより専門家等に相談するのがオススメだ。

POINT! ④

特有財産は，離婚となった場合でも財産分与の対象とはならない。

POINT! ⑤

※**共有財産**は，婚姻中に夫婦が協同して築いた財産。離婚のときに財産分与の対象となる。

POINT! ⑥

具体的な**管理**方法を決めておいてもよい。

POINT! ⑦

「**目標**」として金額を決めているので，達成できなかったとしても罰則等はない。

POINT! ⑧

こんなことされたら離婚だ！といった事由を列挙する。

第2章　お金のこと

第7条（特有財産・共有財産の範囲）

1　婚姻前に有していた資産は，全て特有財産※4とします。

2　婚姻中に取得した財産は，名義の如何に関わらず，全て共有財産※5とします。

第8条（家計）

1　家計費（食費・光熱費・通信費等日常生活にかかる費用）は，共有財産より支出します。

2　家計は，乙が管理※6します。

第9条（貯蓄）

1　老後の生活費・子の教育費等に備え，互いに節約し，貯蓄に励みます。

2　2030年までに，貯蓄額1500万円を目標※7とします。

第10条（金銭貸借）

1　相手の同意を得ずに，金員の借入れはしません。

2　個人の負債は，自己責任により返済します。

3　金員借入れにより，相手に迷惑がかかることがないよう配慮します。

第3章　離婚

第11条（離婚）

1　次に定める場合には，民法770条1項5号の定める「婚姻を継続し難い重大な事由」があるものとみなします。※8

（1）本契約書条項のいずれかに違反したとき

（2）身体的・精神的・社会的・経済的・性的暴力（DV）がおこなわれたとき

（3）生活態度等で改めるべきものがあり，相手に改善要求されたにも関わらず，改善及び改善努力がみられないとき

2　離婚した場合には，離婚原因を作出した者は，相手に対して，慰謝料として300万円支払います。

上記内容にて契約が成立したことの証として、本書面を2通作成し、各自署名押印し、各々1通ずつを保有する。

令和元年　　月　　日

甲

乙

おわりに

婚前契約書は広まりつつあり、メディアで取り上げられることも度々あります。冒頭でもお伝えした通り、いまや結婚前に約束事を書面にまとめておこうとするカップルは少なくありません。口頭の約束では、後々言った言わないで争いにもなりかねませんが、しっかりと約束事を「書面」で残しておくことで不要なトラブルを事前に防止することができます。

本書でもご案内した通り、一定のルールさえ守れば、契約書の内容はそれぞれのカップルの思うままに決めることが出来ます。

ただ気をつけなくてはならないのは、法律の十分な知識がないまま契約書を作ることで、結果としてその契約書を無効なものとしてしまうことです。やみくもにひな形条文を引用したために全体の整合がつかない矛盾した契約書となってしまったり、文言が不十分なことから互いの権利・義務関係が不明確となってしまったりすることが起こりえます。このような契約書では、いざトラブルが発生したときに全く役に立たずせっかく作った契約書が無駄なものになってしまいます。このようなことにならないためにも、重要な約束事を取り決める場合には、是非専門家の意見を聴いたり、専門家に作成を依頼したりすることを検討してみてください。法律の専門家の力を借りて契約書を作成することで、法的にも有効な契約書を作ることが出来ます。

なお、法律の専門家に作成を依頼する場合は、数万円～20万円程度（S&M法律事務所の場合10万8、000円～）の費用がかかります。決して安いとはいえない金額ですが、相応の費用と時間をかけて契約書を作成することで、互いの「約束を守らなくてはならない」との意識が高めることにつなげることもできます。

法律の専門家に本格的に依頼しなくとも、自分たちが作った契約書を持ち込んで確認を受けてみるだけでも良いかもしれません。多くの場合、30分5、400円程度で弁護士による法律相談をうけることもできます。

人生の最大のイベントともいえる結婚が素敵なものとなるように、読者の皆様とそのパートナーの方々の幸せを願っております。

【著者紹介】

小林　芽未

都内の企業法務を取り扱う法律事務所で勤めた後、2017 年に東京神田にて、S & M 法律事務所を開設。大学時代に心理学を学んだ経験を活かし、一般民事事件・家事事件などの相談に応じる。特に男女トラブルには注力している。

保有資格・スキル：APC カウンセラー認定講座修了、宅地建物取引主任者、愛玩動物飼養管理士

趣味　猫

ボーイズ＆ガールズルール

2019 年 7 月 10 日　初版第 1 刷発行

著　者　小　林　芽　未
発行者　酒　井　敬　男
発行所　株式会社ビジネス教育出版社

〒 102-0074　東京都千代田区九段南 4 − 7 − 13
TEL 03(3221)5361(代表)／FAX 03(3222)7878
E-mail ▶ info@bks.co.jp　URL ▶ https://www.bks.co.jp

印刷・製本／啓文堂
ブックカバーデザイン／飯田理湖　本文デザイン・DTP／坪内友季
漫画担当／漫画家 ハマサキ　落丁・乱丁はお取替えします。

ISBN978-4-8283-0743-5